Lb 44
1048

DE LA GUERRE
PERPÉTUELLE
ET DE SES RÉSULTATS PROBABLES
POUR L'ANGLETERRE.

Ouvrage appuyé sur des documens officiels Anglais.

Par M. T. D. d. P. ancien Officier de marine.

Quos vult Jupiter perdere, prius dementat.

A PARIS,

Chez { PETIT, libraire, Palais du Tribunat, galerie de bois, côté du jardin, n°. 257.
Et chez les Marchands de nouveautés.

DE LA GUERRE PERPÉTUELLE,
ET
DE SES RÉSULTATS PROBABLES
POUR L'ANGLETERRE.

Les Peuples commerçants ne peuvent prospérer que lorsqu'ils jouissent de la paix. L'Angleterre est le pays le plus commerçant du monde. Les Anglais devraient donc éprouver le besoin de la paix; ils devraient la desirer. Cependant leur Gouvernement agit comme s'il était convaincu de la nécessité de faire une guerre perpétuelle (1).

---

(1) Que le Gouvernement Anglais ait adopté contre la France seule ce système atroce, lorsqu'au moyen de la supériorité de sa marine, il en résultait pour lui l'avantage de faire sans concurrence le commerce du reste du monde, on peut le concevoir; mais qu'il y persiste quand l'Europe entière embrassant la cause de la France, interrompt avec l'Angleterre toute espèce de relation, c'est ce qu'on ne peut expliquer autrement que par la volonté de tout sacrifier plutôt que de renoncer au despotisme maritime qu'il s'est arrogé.

Je veux chercher quels résultats probables sa conduite doit avoir pour l'Empire Britannique ; et comme dans un semblable examen, un Français peut être facilement soupçonné de porter de la partialité ; ce ne sera ni dans ma propre imagination, ni dans l'opinion, où les ouvrages de mes compatriotes que je puiserai les preuves de ce que j'avancerai ; je les tirerai d'Écrivains anglais, et de documents officiels, publiés en Angleterre, de sorte qu'on ne pourra pas contester le poids de mes autorités.

La guerre perpétuelle dans laquelle le Gouvernement anglais veut rester engagé, aura nécessairement de l'influence sur la puissance navale de l'Angleterre, et sur sa force politique, considérées soit d'une manière absolue, soit relativement.

Elle aura de l'influence sur son agriculture :

Elle en aura sur ses manufactures :

Enfin, elle en aura sur son commerce en général.

En un mot, la population, la richesse et la puissance de ce pays seront affectées d'une manière quelconque par l'effet de cet état continuel d'hostilité dans lequel on prétend le maintenir contre le continent.

J'examinerai successivement quelle doit être cette influence sur chacune de ces parties ; mais afin d'être dispensé d'entrer dans de trop longs développements, je vais commencer par établir deux vérités qu'on ne peut s'empêcher de reconnaître, pour peu qu'on y réfléchisse : la première, c'est que le degré de population et de richesse auquel les îles britanniques sont parvenues, est le résultat de la suprématie que l'Angleterre a obtenue comme puissance navale, et qui lui a permis de développer toute son industrie (1) : la seconde, c'est que, quoique la population et la richesse de l'Angleterre,

---

(1) « Quand on considère que notre commerce, notre richesse et notre puissance sont inséparables, et que c'est notre marine militaire qui est le principal soutien de ces trois choses, on est étonné de voir qu'on ne se soit pas occupé avec plus de soin de la plantation et de la conservation des bois propres à la construction. » *Mortimer's whole art off husbandry*, vol. 2.

« Notre marine militaire doit pouvoir compter sur notre commerce, leur union et l'appui mutuel et réciproque qu'elles se prêtent, font justement espérer que notre armée navale continuera à donner à tout bon Anglais la même satisfaction que lui procure l'état florisant où elle se trouve actuellement. » *Memoir on british naval architecture*, by Ralph Willet. etc

dans l'état de splendeur où elles se trouvent, ne soient que des conséquences de cette suprématie sur mer, il n'est pas moins vrai que si par des causes quelconques, l'une ou l'autre venait à être diminuée (1), la puissance absolue de l'Angleterre diminuerait à proportion.

Si ces propositions sont vraies, il en résulte qu'il suffirait de prouver que l'une quelconque de ces trois choses, ne peut manquer de souffrir par la perpétuité de la guerre, pour être en droit de conclure que les deux autres souffriraient nécessairement aussi. Si je démontre, par exemple, que la marine de l'Angleterre ne peut, dans les circonstances, être maintenue à son degré de force tant absolue que relative, on pourra prononcer hardiment que la diminution de puissance qu'elle éprou-

_____

(1) Je n'ignore pas qu'un peuple peut être très-puissant et très-pauvre en même tems. Je sais que la France est bien moins riche relativement, qu'elle ne l'était avant la Révolution, et que pourtant elle est infiniment plus puissante, mais il suffit de savoir ce que c'est que l'Angleterre pour concevoir que pauvreté et puissance sont pour elle deux choses incompatibles.

vera, tendra directement à diminuer aussi sa population et sa richesse.

J'entre en matière.

Les Anglais ont été bien des siècles sans profiter des avantages que leur donnait leur situation géographique pour l'établissement d'une puissance navale respectable, et ce n'est guères que sous le règne de Henri VIII, qu'on peut appercevoir les fondements de cette marine devenue depuis si formidable. Leur ignorance dans la construction des vaisseaux était si grande vers cette époque, qu'ils étaient obligés de se servir de constructeurs et de charpentiers italiens. Cependant dès le temps d'Elizabeth, la marine anglaise avait déjà pris de la consistance, et comptait plus de quarante bâtiments, dont une trentaine étaient réputés vaisseaux de ligne; c'est alors que s'illustrèrent Drake, Raleigh, Frobisher, etc. Sous le règne de Charles II, la puissance navale de l'Angleterre prit un tel accroissement qu'on trouve sur les états de la marine du temps, cent cinq vaisseaux de ligne, dont plusieurs de cent canons, et soixante-dix frégates, corvettes ou autres petits bâtiments de guerre. La marine française ne faisait alors que commencer à attirer l'attention du Gouvernement, et celle de Hollande, seule rivale en état de lutter contre les forces navales de l'Angleterre, déclinait rapidement, de sorte que celles-ci commencèrent à exercer sur mer cette suprématie que le Gouvernement anglais prétend aujourd'hui faire reconnaître comme un droit. S'il pouvait en exister un de cette espèce, la marine française fut un moment sous Louis XIV, en état de le disputer avec avantage à sa rivale; mais le combat de la Hogue la détruisit en partie, et la supériorité en nombre de vaisseaux qu'à toujours conservé depuis l'Angleterre; le développement de son commerce, l'attention constante qu'à eu son gouvernement à former et à exercer des matelots, tandis qu'en France, où ce n'a été que par intervalle qu'on a paru s'occuper sérieusement de la marine, la révolution française est venue totalement la désorganiser, toutes ces choses réunies à la grande influence politique que le cabinet de Londres a exercée en Europe depuis la paix d'Utrecht jusqu'à celle de Tilsit, ont donné à l'Angleterre une telle supériorité, soit absolue, soit relative, sur mer, que toutes les forces navales de l'Europe réunies égaleraient à peine les siennes matériellement, et qu'elles auraient contre celles-ci un désavantage évident résultant, d'un côté, de la pratique et de l'habileté plus grande des officiers et des matelots anglais, et de l'autre côté de la difficulté, pour ne pas dire de l'impossibilité de faire agir à la fois, et de diriger franchement vers un même but, les vaisseaux de tant de nations différentes.

Parvenu à ce haut degré de puissance navale, qui l'a mis en état d'usurper l'empire de la mer, le Gouvernement anglais voudrait maintenir le despotisme qu'il y exerce, et voyant l'essor qu'à pris la nation française ; calculant les ressources que donnent à la France sa grande population, l'étendue de ses côtes, la fertilité de son territoire, l'influence politique qu'elle exerce aujourd'hui en Europe ; placé dans l'alternative de faire une paix qui, en affranchissant les mers, rétablirait la concurrence commerciale, et permettrait de relever la marine de la France, ou bien de continuer une guerre du résultat de laquelle son existence même peut dépendre ; il paraît s'être décidé pour ce dernier parti.

Je ne veux ni approfondir, ni critiquer les motifs qui ont déterminé le Gouvernement anglais dans le choix qu'il a fait. Ce que je me propose, c'est d'examiner quelles suites vraisemblables aura ce choix, et pour cela, partant de données positives, je vais rechercher d'abord si l'Angleterre peut se flatter de conserver, dans sa position actuelle, et exclue de tous les états du continent Européen, à l'exception de la Suède, sa marine dans son état de force absolue, c'est-à-dire, entretenir le même nombre de vaisseaux de guerre de toute grandeur, que celui qui constitue actuellement sa marine militaire.

Au mois de janvier 1801, la marine royale anglaise consistait en cent quatre-vingt-quinze vaisseaux de ligne, dont cent vingt-trois armés, dix-sept en construction et cinquante-cinq désarmés; vingt-sept vaisseaux de cinquante canons, dont deux en construction; deux cent cinquante-une frégates, dont huit en construction; enfin, trois cent quatorze moindres bâtimens; en tout, sept cent quatre-vingt-sept (1).

----

(1) Le nombre des bâtimens de la marine anglaise a beaucoup augmenté depuis, et au premier janvier 1808, il s'en trouvait 795 armés.

Voyons quels sont les moyens de l'Angleterre pour entretenir le matériel d'une force navale aussi considérable.

Elle a pour cela indispensablement besoin de trois choses ; 1°. des divers objets qui entrent dans la construction et l'équipement des vaisseaux ; 2°. de l'argent nécessaire pour acquitter les frais d'achat de ces objets; 3°. de bras suffisants pour les employer. Arrêtons-nous au premier article, et cherchons jusqu'à quel point les trois royaumes et la Suède peuvent fournir aux besoins de l'armée navale anglaise.

Des bois de construction et de mâture, des cordages, des toiles à voile, du goudron, du suif, du fer (1) et du cuivre, sont les principaux objets qu'emploie la marine. La Suède fournit en abondance les deux derniers, et j'admets qu'elle en approvisionnera constamment l'Angleterre, quoiqu'il ne soit pas improbable que de manière ou d'autre elle finira par faire cause commune

---

(1) L'Irlande et l'Écosse ont des mines de fer, mais la quantité qu'elles fournissent à la consommation est insuffisante pour les besoins ordinaires de ces deux royaumes.

avec le continent. Si cet évènement a lieu, les Anglais se trouveront fort embarassés pour se procurer, en quantité suffisante, pour leur consommation, le fer et le cuivre (1) qu'ils sont obligés d'aller chercher dans l'étranger.

Les besoins et les ressources de l'Angleterre relativement aux bois de chêne de construction, ont été développés avec le plus grand détail, dans un rapport (1) fait au parlement, le 6 février 1792, par une commission nommée pour rechercher l'état des bois, forêts, etc., de la couronne.

Il résulte de ce rapport :

1°. Que la durée moyenne des vaisseaux anglais, tant de la marine royale que de la compagnie des Indes et du commerce, est tout au plus de quatorze ans ; c'est-à-dire que le matériel de la marine anglaise doit être entièrement renouvellé dans cet espace de temps.

---

(1) L'Angleterre tire tous les ans quelques cargaisons de cuivre de l'empire de Maroc où il se trouve des mines considérables de ce métal. C'est de Mogador que se font les expéditions.

(1) The eleventh report of the commissionners, etc. printed by order of the parliament.

2°. Que la consommation moyenne en bois de chêne pour le service de la marine royale, est annuellement de 50,542 charges (1). *La charge est une mesure de cinquante pieds cubes anglais, et répond à moins de quarante-deux pieds cubes français.*

3°. Que celle pour le service de la compagnie des Indes, est de 9,150 charges.

4°. Que celle de tous les bâtiments employés par le commerce, est de 158,679 charges. De sorte que la consommation totale qui se fait en Angleterre, en bois pour le seul service de la marine, s'élève annuellement à 218,371 charges, « sans y comprendre, disent les commissaires, ce qu'exige l'entretien des barges, allèges et autres petits bâtiments employés dans les différents ports du royaume, ainsi que sur les rivières et canaux navigables, ce qui doit aussi être fort considérable ».

5°. Que sur les 50,542 charges consom-

---

(1) Cette évaluation me paraît faible, l'état naval de l'Angleterre a considérablement augmenté, et la consommation en bois de construction a éprouvé nécessairement une augmentation proportionnelle.

mées par la marine royale, 4,729 charges, (près de la dixième partie du bois de chêne,) sont tirées de l'étranger.

Observons ici que 115,000 acres de forêts appartiennent en Angleterre à la couronne (1), et que les bois de fort échantillon qu'on en tire, sont réservés pour le service de la marine royale; que dans les autres forêts, le gouvernement est admis à acheter en concurrence avec les particuliers, et que parconséquent, ayant plus de facilité à s'approvisionner en Angleterre, il doit employer à proportion beaucoup moins de bois étranger que le commerce en général, et la compagnie des Indes en particulier. Il est donc très-permis de supposer que sur les 218,371 charges de bois de chêne qui se consomment tous les ans en Angleterre, l'étranger en fournit au moins 20,000. Cette estimation paraîtra d'autant plus modérée qu'il est prouvé par

---

(1) Ces forêts comptent un grand nombre d'usagers qui ont droit d'y prendre le bois mort, et d'y envoyer leurs bestiaux à des époques déterminées. On suppose qu'en cédant une partie du fond pour affranchir l'autre, il pourrait rester à la couronne de 60 à 80 mille acres en propriété entièrement libre.

les pièces justificatives jointes au rapport des commissaires du parlement, que la moitié des bordages de chêne employés pour les vaisseaux de la compagnie des Indes, est en bois tiré de l'étranger (1).

Mais le chêne n'est pas le seul bois qui soit employé dans la construction des vaisseaux, et si, comme cela est vraisemblable, le sapin y entre en Angleterre dans la même proportion qu'en France, il doit se consommer annuellement au moins 20,000 charges de ce dernier bois dans les chantiers anglais, tant de la marine militaire que de la marine marchande (2); et comme dans cette estimation je ne comprends ni le sapin employé à la construction des barges, allèges et autres petits bâtiments de cette nature, ni les bois de mâture, dont la

---

(1) Questions proposed by the commissionners etc. to M. Gabriel Snodgrass, Surveyor of the east India company's dock yards.

(1) Un vaisseau français de 74 pièces de canon, emploie près de 78,000 pieds cubes de bois de chêne, (brut); et de 8,000 pieds cubes de bordages et planches de sapin. (*v. Dictionnaire de marine, Encyclopédie méthodique.*)

consommation est énorme (1); et que d'un autre côté les possessions anglaises, en Europe, ne fournissent qu'une quantité très-peu considérable de bois de sapin; je me crois bien fondé à conclure que la marine de ce peuple ne tire pas annuellement moins de 20,000 charges de bois, autre que le chêne, des états du nord de l'Europe, ou d'autres pays étrangers.

Voilà donc tant en chêne qu'en autre bois, au-delà de 40,000 charges (1,680,000 pieds cubes), que l'Angleterre est forcée de se procurer dans l'étranger, pour être en état d'entretenir le matériel tant de sa marine militaire que de celle de sa compagnie des Indes, et de sa marine marchande, tel qu'il existe aujourd'hui, et cela dans l'hypothèse que les forêts de l'Angleterre continueront à fournir la même quantité

---

(1) Il entre dans le grand mât d'un vaisseau anglais, de 74, près de huit charges de bois de sapin de *Dantzick*. (*Voy. les pièces jointes au* 11e. *rapport*).

Si l'on suppose que l'emploi de ce même bois soit proportionné à cette quantité dans la mâture des vaisseaux anglais, soit de guerre, soit de commerce, on pourra se faire une idée de ce que doivent consommer près de 3000 bâtimens de toutes grandeurs, dont se compose la marine anglaise.

de bois de construction que par le passé. Je ferai voir bientôt que cette hypothèse ne saurait être admise ; mais je m'arrête un moment ici pour examiner les suites qui résulteraient pour ce pays de l'impossibilité où il serait de tirer de l'étranger le tout ou partie des 40,000 charges de bois qui lui sont nécessaires, si, la guerre se perpétuant, les puissances de l'Europe continuaient à exclure les Anglais du continent.

Le Canada et l'Acadie peuvent fournir des bois de construction ; mais les essais qui ont été faits en Angleterre, ayant prouvé que le chêne qu'on en tire est d'une très-médiocre qualité, et qu'il ne peut être employé que dans *certaines* parties (1) des vaisseaux ; les Anglais eux-mêmes ne considèrent pas les forêts du Canada comme étant d'une grande ressource pour leur marine. Cependant comme la qualité des arbres résineux, tels que le sapin, le mélèze, le spruce ou sapinéte, y est bonne ; j'admettrai que l'Angleterre suppléera en partie au déficit qu'elle éprouvera par son exclusion du Continent européen, au moyen des bois qu'elle tirera du Canada, et dans

---

(1) Questions proposed to M. Snodgrass, etc. quest. 30.

cette supposition, je diminuerai d'un quart le nombre des charges de bois de toute espèce qui lui manquerait autrement pour les constructions ; il restera donc 30,000 charges par an qui manqueront à son approvisionnement ; car je ne crois pas devoir compter les prétendues ressources que va lui offrir le Brésil. Les Anglais instruits les ont appréciées, et les considèrent avec raison, comme nulles sous le rapport des bois de construction que ce pays peut fournir à l'Angleterre.

Ceci posé, si le système de la guerre perpétuelle pouvait se soutenir pendant quatorze ans, c'est-à-dire pendant le temps nécessaire pour que la marine anglaise dût être renouvelée en totalité, il est évident que pour ses constructions il lui manquerait 30,000 charges multipliées par 14, ou 420,000 charges de bois brut ; or les constructeurs anglais évaluent à environ une charge et demie de bois brut la quantité qui en entre dans la construction d'un vaisseau, soit de guerre, soit marchand, par chaque tonneau qu'il jauge (1) ; en s'en tenant à cette évaluation, il s'en suit que la marine tant marchande que militaire, aura

---

(1) Cette quantité me paraît un peu faible.

été diminuée en quatorze ans de 280,000 tonneaux, c'est-à-dire d'environ la neuvième partie de sa force totale actuelle (1).

Tel serait le résultat inévitable pour l'Angleterre, de son état d'hostilité contre l'Europe coalisée, lors même qu'elle n'éprouverait aucune diminution dans la quantité de bois de construction que ses forêts lui ont fourni jusqu'à ce jour; mais elle se trouve à cet égard, placée dans une situation qui n'est rien moins que rassurante pour son gouvernement. Écoutons ce que disaient, en 1792, les commissaires chargés par le parlement d'éclairer la nation sur le véritable état de ses ressources.

« Il résulte, disaient-ils, des informations que nous nous sommes procurées dans chaque comté, que par toute l'Angleterre les bois de chêne propres à la construction, ont été de temps immémorial, continuellement en diminuant, et que la diminution qui a eu lieu en arbres de toutes les grandeurs, a été beaucoup plus consi-

___

(1) Suivant le rapport des commissaires, le port de la totalité des vaisseaux de la marine militaire était en 1788, de 413,667 tonneaux, celui des vaisseaux de la compagnie des Indes était en 1792, de 79,913 tonneaux, et celui de la totalité des bâtimens de commerce était en 1790 de 1,480,990 tonneaux.

dérable, à proportion, en chênes de fortes dimensions, propres aux besoins de la marine ; que les chênes plantés dans les hayes et qui sont reconnus comme les meilleurs pour le service des vaisseaux, ont aussi beaucoup plus diminué à proportion que ceux des forêts; que la quantité de bois de fort échantillon est maintenant tellement et si généralement diminuée dans la plupart des comtés, *qu'ils ne seront plus en état d'en fournir à l'avenir des approvisionnemens aussi considérables que par le passé.........* que dans quelques comtés il n'est pas rare de voir couper les jeunes chênes, avant qu'ils soient assez grands pour être propres au service de la marine, dans la crainte qu'ils ne nuisent au taillis..........., et que les plantations qui se font actuellement, sont en général plutôt destinées à l'ornement qu'à l'utilité, et consistent plutôt en arbres qui croissent rapidement, qu'en chênes pour la marine ».

« ..... Ce dépérissement (des forêts) est d'autant plus alarmant, et appelle d'autant plus l'attention publique, que ce n'est pas par des causes momentanées qu'il est occasionné, mais bien par des causes telles, qu'il deviendra probablement par la suite, encore plus général et plus rapide : il résulte de l'extension qu'à pris l'agriculture, suite nécessaire de l'accroissement de la population ; de la manière mieux entendue de faire valoir les terres, qui fait qu'on agrandit les champs en défrichant les hayes ; des promptes rentrées et des profits de l'agriculture, et de la perspective trop éloignée que donnent les plantations qu'on destine à fournir des bois de marine ; *de la facilité avec laquelle ce pays s'approvisionne dans l'étranger, de bois de sapin qui coûte moins et remplace le chêne dans beaucoup de constructions*..................; d'une consommation plus considérable de bois de faible échantillon, occasionnée par la grande augmentation de la marine marchande, et par la défense d'employer des bâtiments de construction américaine......... ....; enfin de diverses autres causes dont on doit s'attendre à voir l'effet s'augmenter à mesure que le commerce, la population et la richesse de ce pays prendront une plus grande extension ».

Outre ces causes d'inquiétude permanente pour la nation anglaise, les commissaires dans leur rapport, en font connaître une dont l'effet doit se faire sentir bien plus immédiatement et d'une manière plus sensible encore : « il paraît, disent-ils, que peu de temps après la restauration, le goût des plantations fut répandu et excité par les écrits d'Evelyn (1). Les ministres du temps, alarmés par les dévastations qui avaient eu lieu pendant les guerres civiles, tournèrent leur attention vers l'accroissement et la conservation des bois propres à la construction dans les forêts royales, particulièrement dans celle connue sous le nom de *Dean forest*; et comme il est généralement reconnu qu'il faut de quatre-vingt à cent cinquante ans à un chêne, suivant la nature du sol, pour devenir propre aux usages de la marine; il est probable que l'énorme quantité de bois de construction employée par la marine royale pendant le règne actuel, provenait principalement des plantations faites depuis la restauration jusqu'à la fin du dix-septième siècle, tant dans les propriétés particulières dans toute l'Angleterre, que dans toutes les

---

(1) Principalement par un ouvrage intitulé *Silva Britannica*, dont le docteur Hunter a donné une édition qu'il a enrichie de notes précieuses.

forêts royales : *mais, malheureusement, l'esprit et l'attention qui prévalaient alors, ne subsistèrent pas au-delà de cette époque, et il n'y a peut-être que trop de raison de craindre, que lorsque cette source sera épuisée, la quantité de bois nécessaire pour l'entretien de la marine ne se trouve que difficilement dans ce pays* ».

Il est facile de se convaincre que l'époque où cette ressource sera épuisée ne peut pas être éloignée, si déjà elle n'est point arrivée : en effet, l'ouvrage d'Evelyn qui répandit en Angleterre le goût des plantations, est écrit depuis plus de cent quarante ans (1), et dans une nouvelle édition qu'il en fit en 1678, et qu'il dédia au roi Charles II : il s'exprime ainsi, en s'adressant à ce prince : « Je n'ai pas besoin de dire à votre Majesté, combien de millions d'arbres propres à fournir des bois de charpente et de construction, sans parler d'une infinité d'autres, ont été semés et plantés dans l'étendue de vos vastes domaines, par suite de l'impulsion qu'a donné cet ouvrage, et en ne suivant pas d'autre direction ». Il est évident que tous les arbres

---

(1) La première édition est de 1664.

dont il est question dans ce passage, seraient déjà parvenus au dernier terme de leur accroissement, si les besoins sans cesse renaissants de la marine et des constructions civiles ne s'étaient pas opposé à ce qu'on les ménageât. Mais on n'a certainement pas attendu ce moment pour commencer à les couper, et tout porte à croire que déjà il existe à peine quelques arbres de ceux qui furent plantés avant la réimpression de l'ouvrage d'Evelyn ; et puisque l'effet de l'impulsion qu'il avait donnée, cessa avec le dix-septième siècle, il est vraisemblable que l'Angleterre a déjà recueilli presque tous les fruits qu'elle pouvait se promettre de l'attention qu'elle donna momentanément à la restauration et à la conservation de ses forêts.

Pour donner une idée de la disette de bois de construction qu'éprouvera l'Angleterre lorsqu'elle aura fini d'épuiser cette ressource, je vais extraire du rapport que j'ai cité, un tableau qui fera connaître la proportion dans laquelle a diminué la quantité des bois de construction dans une partie des forêts de la couronne, depuis l'année 1608 jusqu'en 1783.

(25)

En 1608, le roi Jacques I.er fit dresser un état de la quantité de bois de construction existante dans les forêts royales; en 1783, un état semblable a été fait par ordre de la chambre des communes: voici les résultats de l'un et de l'autre.

NOMS DES FORÊTS.	NOMBRE D'ACRES.	En 1608.		En 1783.	
		BOIS propre à la marine.	BOIS En état de dépérissment	BOIS propre à la marine.	BOIS dépéri.
		CHARGES.			
New-Forest	66,942.	115,713.	118,072.	55,666.	1,713.
Aliceholt et Woolmer	8,694.	13,208.	23,934.	6,985.	5,924.
Bereforest	926.	4,258.	8,814.	161.	175.
Whittle wood forest	4,850.	45,568.	1,472.	4,820.	7,200.
Salcey-Forest	1,847.	23,902.	1,673.	2,497.	5,653.
Sherwood-forest	1,466.	31,580.	111,180.	2,326.	14,889.
	84,725.	234,229.	265,145.	50,455.	35,554.

La forêt de *Dean* qui contient 23,015 acres, et trois autres forêts royales, celles de Whichwood, de Waltham et de Sulehaywalk, qui en contiennent 7,847, ne sont pas comprises dans ce tableau ; la première a été, comme nous l'avons vu, l'objet d'une attention particulière : en vertu d'un acte passé en 1668, on y retrancha environ onze mille acres qui furent semés ou plantés en chêne ; ces arbres éclaircis convenablement et protégés contre le bétail, sont devenus la principale ressource de la marine royale ; mais cette ressource dont on a fait usage dès le commencement du règne de Georges III, et peut-être encore plutôt, ne saurait tarder à être épuisée, et déjà en 1792, il ne restait plus dans cette forêt que quatre petits retranchements comprenant en tout 660 acres. Il est donc plus que probable que l'état actuel de *Dean forest* n'est pas plus brillant que celui des autres ; et qu'on ne s'écartera pas beaucoup de la vérité en évaluant la quantité de bois de marine qui se trouve tant dans cette forêt que dans les trois autres non portées au tableau, dans la même proportion relativement au nombre d'arpens qu'elles contiennent, que celles qui y sont comprises ; mais dans celles-ci, l'étendue est de 84,725 acres ; la diminution moyenne de 1608 à 1783, a été annuellement d'environ 1,050 charges par an, et comme depuis 1783 jusqu'en 1808 il s'est écoulé vingt-cinq ans ; il est vraisemblable qu'il n'y reste guères aujourd'hui au-delà de 24,175 charges de bois de construction. On est donc fondé à croire qu'on n'en trouverait dans les 30,862 acres des quatre autres forêts, qu'environ 8,806 charges. Ainsi toute la ressource que la marine anglaise peut tirer en ce moment des forêts de la couronne, se réduit à 32,983 charges de bois, c'est-à-dire, à moins des deux tiers de ce qu'elle en emploie dans une année seulement.

Le dépérissement extraordinaire des forêts royales en Angleterre est attribué par les auteurs du rapport qui nous le font connaître, à la mauvaise administration ou plutôt au manque absolu d'administration dans cette partie des propriétés de la couronne, depuis la mort de Guillaume III. Depuis cette époque, on a continuellement consommé sans s'occuper de remplacer ce qu'on détruisait ; et comme la négligence ne s'est pas bornée aux forêts royales, et que les bois des particuliers ont été encore plus dégradés à proportion ; il en résulte (j'emploie les propres termes du rapport) que « tel est l'état actuel des bois de marine sur pied, telle est la perspective qu'ils offrent pour les approvisionnements à venir, qu'il est tout à fait probable que l'Angleterre éprouvera une *fatale* disette de bois de chêne de fort échantillon, et deviendra dépendante d'autres puissances pour l'entretien de sa marine militaire, si l'on n'a pas soin de ménager des ressources pour l'avenir en améliorant l'administration des forêts royales, et en réduisant la consommation des bois de construction, au moyen de l'économie la plus sévère dans l'emploi qu'on en fera ». Mais au lieu de pouvoir économiser ses propres ressources, les circonstances dans lesquelles l'Angleterre se trouve placée lui font une nécessité d'en être encore plus prodigue. Aussi long-temps qu'elle a pu tirer des bois de l'étranger, sa marine royale en a épargné annuellement près de 5,000 charges sur la consommation, qu'elle aurait été forcée de faire en bois de ses forêts ; mais ne pouvant plus s'approvisionner au dehors, il faudra ordonner des coupes extraordinaires, et au lieu de 2,000 charges seulement que l'on tirait chaque année pour ce service des forêts de la couronne : il en faudra peut-être 7 ou 8,000, car, non-seulement il faudra suppléer à ce qu'on achetait dans l'étranger, mais les approvisionnements de la compagnie des Indes et du commerce qui n'auront plus que l'intérieur pour fournir à leurs besoins, diminueront considérablement les ressources que l'état trouvait dans les forêts particulières, tandis que ces mêmes forêts (1) auront beaucoup moins de moyens de faire des fournitures. Cependant la plus grande quantité de bois de construction que les auteurs du rapport ont supposé que sans les ruiner on pourrait parvenir à couper dans les forêts de la

---

(1) En poésie, dit Pinkerton, le mot forêt désigne un vaste espace de terrein couvert d'arbres élevés, mais dans notre pays une forêt est quelquefois entièrement dénuée d'arbres, et il n'est pas rare d'en voir où l'on ne trouve que quelques misérables chênes dispersés sur le terrein.

Pinkerton's geography, éd. Anglaise.

couronné, au cas où l'on aurait pris les mesures qu'ils indiquaient en 1792, était de 4,000 charges. Il va donc nécessairement arriver de deux choses l'une, ou le Gouvernement anglais voudra continuer à entretenir sa marine dans son état actuel, et alors il achevera de ruiner les forêts qui l'approvisionnent; ou bien, il se décidera à suspendre une partie de ses constructions. Dans l'un ou l'autre cas la force navale de l'Angleterre se trouvera diminuée, soit immédiatement dans le second, soit à une époque assez rapprochée dans le premier cas.

L'insuffisance des moyens qu'a l'Angleterre, livrée à ses propres ressources, pour continuer à construire le nombre de vaisseaux de guerre nécessaire au maintien de ses forces navales dans leur état actuel, est donc bien évidente. Mais quand même cette puissance serait en état de se procurer la quantité énorme de bois dont elle a besoin pour leur entretien, elle ne tarderait pas à se trouver dans l'impossibilité de les équiper. J'ai bien voulu supposer que la Suède lui fournira tout le fer dont elle a besoin, quoiqu'elle tirât ci-devant une grande partie de son approvisionnemement en ce genre de la Norwège et de la Russie (1) ; mais le chanvre et l'étoupe nécessaires à la fabrication de ses voiles et de ses cordages, et au calfatage de ses vaisseaux, qui les lui procurera ? qui suppléera aux 65,000,000 de livres de chanvre que, dans l'année 1789 seulement, elle a exporté de l'Empire russe (2) ? Je sais que le comte de Galloway, proposant dernièrement au parlement de voter une adresse de remercîment au roi, à l'occasion du discours de rentrée prononcé au nom de S. M., a prétendu qu'il était facile à l'Angleterre de s'affranchir de la dépendance où elle était de la Russie, en encourageant, soit dans la métropole, soit dans les colonies, la culture du chanvre (3) et celle

---

(1) En 1789, l'Angleterre a exporté de la Russie 82,129,000 livres de fer.
Géographie physique, par Mentelle et Malte-Brun.

(2) *Voyez géographie physique, par Mentelle et Malte-Brun.*

(3) Ces encouragements existaient déjà. En 1783, le parlement accorda une prime de 3 pence (6 sols) par stone (poids de 14 livres) de chanvre recolté en Angleterre, tandis que les chanvres étrangers furent soumis à des droits considérables. Les provinces de Sussex et de Suffolk, sont celles où on se livre le plus à cette culture.

du lin. Mais une assertion n'est pas une preuve ; et il a été plus aisé au noble lord d'énoncer une opinion rassurante, qu'il ne le sera aux Anglais de se procurer le chanvre qui va leur manquer. Sacrifieront-ils à la culture de cette plante une partie des terres employées aujourd'hui à celle des grains ? Mais nous verrons tout-à-l'heure que déjà celles-ci ne suffisent point à l'approvisionnement en blé de l'Angleterre. Arracheront-ils leurs forêts ? Mais nous savons combien ils ont plutôt besoin d'en planter de nouvelles. Défricheront-ils les vastes terreins dont jusqu'à présent ils n'ont tiré aucun parti ? Mais outre qu'il faut des bras pour ces défrichemens, n'est-il pas plus que probable que ces terres qui sont restées vagues, sont généralement de la plus mauvaise qualité, et que le chanvre qui exige un sol très-riche, n'y réussirait pas ? Peut-être l'Irlande offrirait-elle, relativement au sol, plus de ressources que l'Angleterre ou l'Écosse. Mais est-il raisonnable d'espérer qu'un peuple qui gémit sous l'oppression, se montrera très-empressé de seconder les vues du Gouvernement qui le tyrannise ?

L'espoir d'obtenir de ses colonies, du

Canada et de l'Acadie sur-tout, une partie du chanvre dont l'Angleterre a besoin, est mieux fondé, sans doute : mais le Gouvernement anglais n'en est pas à donner des encouragements à la culture de cette plante dans ces provinces éloignées. Il est bien connu que, depuis plus de vingt ans, on n'a rien négligé pour porter les Canadiens à la cultiver dans les nouveaux terrains qu'ils défrichent ; et je lis dans un mémoire remis en 1787 au prince William-Henri, par M. Ogden, habitant de Québec, qu'on se flattait que, par suite des encouragements donnés, le Canada pourrait bientôt fournir en chanvre l'approvisionnement entier de la métropole. Cependant vingt ans se sont écoulés depuis lors, et l'Angleterre n'en est pas moins restée à cet égard dans la dépendance de la Russie. C'est que la population du Canada, quoiqu'elle ait fait de grands progrès, n'est pas assez considérable pour fournir, sans que les autres branches de son industrie en souffrent, des bras en quantité suffisante pour défricher chaque année des terrains, non-seulement pour donner de l'extension à la culture du chanvre, mais encore pour remplacer ceux que cette plante ne tarde pas à épuiser. Ce n'est donc que dans un avenir très-éloigné que les Anglais peuvent, avec quelque apparence de raison, se flatter que leurs colonies leur fourniront tout ce qu'ils consomment de cette denrée si importante. Jusques-là il est hors de doute que s'ils continuent à être exclus de la Baltique et du reste de l'Europe, les fabriques et les magasins qui approvisionnent de voiles et de cordages leur marine, militaire ou marchande, ne tarderont pas à être épuisées, la durée de ces articles étant très-bornée, et la consommation qu'en font nécessairement près de trois mille bâtimens de toute grandeur, étant immense.

J'en ai dit assez pour prouver d'une manière que je crois sans réplique, que l'Angleterre ne peut, dans sa situation actuelle, se procurer en quantité suffisante les objets les plus importants qui entrent dans la construction et dans l'équipement des vaisseaux; ainsi, sans m'arrêter à rechercher quelles difficultés elle éprouvera pour s'approvisionner en articles très-essentiels aussi, tels que le suif, dont elle tirait annuellement pour près de douze milions de livres de la Russie ; le brai, le goudron, le merrain pour les tonneaux, etc. etc., je me crois en droit de conclure, avant même d'avoir examiné quel effet la guerre perpétuelle doit avoir sur la richesse et la population de l'Angleterre, que le matériel de sa marine, soit militaire, soit marchande, et par conséquent sa force navale absolue, sera nécessairement diminué, et que cette diminution sera d'autant plus grande, que la guerre durera plus long-temps.

Quant à ce que deviendra sa force relative, il faudrait être initié dans la politique de chacun des Gouvernements qui ont une marine, connaître à fond leurs vues et leurs ressources, pour être en état d'établir pour l'avenir une comparaison entre les forces navales de l'Angleterre et celles de chaque Puissance en particulier ; mais ce dont je ne doute point, c'est que la France, l'Espagne et la Russie ont tous les moyens nécessaires pour diminuer rapidement la disproportion qui existe aujourd'hui entre leurs marines et celle de l'Angleterre. Et pour ne parler que de la France, qui marche franchement vers le but que toutes les Nations continentales doivent se proposer, l'affranchissement des mers, si les constructions navales continuent à y être poussées avec autant d'activité que depuis le commencement du règne de l'Empereur; si des expéditions malheureuses ne livrent pas partiellement ses vaisseaux aux Anglais, à mesure qu'elle sera en état d'équiper des escadres; si les officiers de marine reçoivent une éducation et une instruction convenable; si une louable émulation est encouragée parmi eux; si on s'étudie à former dans le service des rades, par le cabotage, sur les corsaires, etc. (1), des matelots

---

(1) La difficulté de former des matelots en les exerçant sur l'Océan sera insurmontable aussi longtemps que l'Angleterre y dominera en despote; mais dans l'état actuel des relations de la France avec la Russie et la Turquie, il devrait être bien facile d'en créer ainsi que d'instruire des officiers, la mer Noire et la mer Baltique étant des mers fermées où des bâtimens français navigueraient avec sécurité, et pourraient former de petites escadres d'évolutions. Je ne fais qu'énoncer cette idée qui mériterait des développements étendus. Le rédacteur de la partie politique de l'*Argus*, l'a indiquée dans un de ses derniers numéros, je suis d'autant plus flatté de m'être

robustes et intrépides ; si l'on adopte dans la tactique navale les modifications que nécessite la manière dont les Anglais dirigent depuis plus de vingt ans leur attaque, lorsqu'ils se battent en escadre (1) ; il lui faudra peu d'années pour la mettre en état de lutter encore une fois contre son éternelle rivale.

---

rencontré avec lui que l'opinion d'un écrivain aussi éclairé ne peut que donner beaucoup de poids à la mienne.

(1) Les Anglais n'avaient aucune tactique et ne faisaient qu'imiter très-imparfaitement celle des Français, lorsqu'en 1781, un nommé M. Clerk, qui n'avait jamais été sur mer, composa sur cette matière, un ouvrage qui fut communiqué à l'amiral Rodney, et qui depuis a été le guide qu'ont suivi les amiraux anglais ; c'est là qu'ils ont appris à porter toujours la totalité de leurs forces sur une seule portion de l'escadre qui leur est opposée, à séparer cette portion du reste de son armée, à la placer entre deux feux, enfin à l'écraser et à la réduire, tandis que la portion de l'escadre ennemie qui ne combat pas, s'attache à se tenir bien en ligne, à faire quelques évolutions qui n'aboutissent qu'à la mettre en état de fuir lorsque ceux de ses vaisseaux qui ont été attaqués les premiers se sont rendus.

Si, dans le système de la guerre perpétuelle, la puissance de l'Angleterre ne peut manquer de diminuer, il est difficile de croire que son agriculture se maintienne telle qu'elle est aujourd'hui; et même, en supposant que le nombre énorme de matelots et de soldats que le Gouvernement est obligé d'entretenir (1), n'empêchât pas les trois royaumes d'avoir encore assez de

---

(1) L'Angleterre entretient au moins 400,000 hommes, tant soldats que matelots. C'est plus à proportion que la France n'a fait depuis le commencement de la Révolution. A la vérité, elle avait précédemment d'autres ressources que sa population pour entretenir ce nombre d'hommes, le Hanovre et le nord de l'Allemagne lui fournissaient beaucoup de soldats; elle avait sur ses vaisseaux des matelots Danois, Prussiens et Américains; mais ces ressources sont à-peu-près perdues pour elle, et il faudra qu'elle y supplée avec ses propres moyens, c'est-à-dire aux dépens de ses fabriques, et de son agriculture. Je ferai remarquer ici que quoique les Anglais ne perdent pas beaucoup de soldats dans les combats, leur consommation en hommes n'en est pas moins très considérable, les garnisons qu'ils entretiennent dans leurs colonies, et leurs expéditions multipliées dans toutes les parties du monde, suffisent pour en détruire un très-grand nombre.

bras pour les besoins du labourage, il faudrait aussi que les propriétaires continuassent à être en état, par leur richesse, de faire pour la culture de leurs terres les avances qu'elle exige. Mais c'est le commerce qui a donné aux propriétaires anglais les moyens d'améliorer leur agriculture, et de tirer de leur sol tout le parti qu'ils en tirent; et si, par l'effet de leur situation actuelle, leur commerce doit nécessairement décroître, les moyens qu'il leur procurait venant à manquer en partie, il est naturel de croire que leur agriculture en souffrira : au moins peut-on être assuré qu'elle ne fera pas de nouveaux progrès. Or, on sait que malgré l'état florissant dans lequel elle se trouve, elle est loin de suffire aux besoins de l'Angleterre. Voici comment s'exprime à cet égard le géographe Pinkerton : « On croit que depuis le milieu du
« siècle dernier, la consommation en blé
« a généralement excédé le produit; et le
« mal s'est accru par degré à un point alar-
« mant. Suivant une évaluation moyenne
« entre onze années finissant en 1793, le
« déficit annuel s'est élevé à 587,163 quar-
« ters de blé (le *quarter* est une mesure qui

« contient huit boisseaux); et en 1795, à
« raison de la disette, il a fallu un autre
« supplément de 1,177,000 *quarters* . . . .
« Il est difficile de supposer que le déficit
« soit moindre que la dixième partie de la
« consommation » (1). D'où l'Angleterre
va-t-elle tirer, maintenant que les ports du
Nord, et particulièrement celui de Dantzick,
lui sont fermés, le supplément de grains
dont elle ne peut se passer? Les Etats-Unis
d'Amérique, l'empire de Maroc, la côte de
Barbarie et la Sicile, voilà désormais les
seuls pays qui lui offrent des ressources à
cet égard. Elles sont abondantes, je le sais
mais aussi, par le besoin qu'a l'Angleterre,
de les ménager, elle se trouve placée dans la
dépendance des Américains (2) et des Puis-

---

(1) Pinkerton's geography, vol. 1, page 106 et suivante, édition de Londres.

(2) Ce n'est pas seulement pour la subsistance de la Métropole que l'Angleterre se trouve placée dans le dépendance des États-Unis, elle en dépend d'une manière bien plus immédiate pour celle de ses colonies des Indes Occidentales. Déjà, depuis le renouvellement de la guerre, le parlement a été forcé de modifier en faveur des Américains, les lois sur le

tances barbaresques. Et si, par l'effet d'une

commerce des neutres avec ces colonies, et le bill qui les modifie a été renouvellé l'année dernière au grand mécontentement des négocians anglais qui étaient jadis en possession de les approvisionner exclusivement, et qui se trouvent aujourd'hui dans l'impossibilité de soutenir cette concurrence. Deux autres raisons également puissantes, engagent le Gouvernement anglais a ménager les États-Unis ; 1°. les dangers que courraient, en cas d'une rupture avec eux, ses possessions en Amérique, tant celles du Nord que celles du Midi ; 2° la perte immense qui résulterait pour son commerce, de l'interruption des relations de l'Angleterre avec les Américains ; perte qui pour les manufactures surpasserait celle que leur fait éprouver la guerre dans laquelle elle est engagée contre le Continent. En effet, nous avons vu que du port de Londres seulement, il s'était exporté de 1794 à 1795, dans les États-Unis pour plus de 2,250,000 liv. sterling, de produits des fabriques anglaises, tandis que l'exportation dans les états européens dont aujourd'hui ils sont exclus, ne s'était élevé qu'à une valeur de 2,115,000 liv. st., et voilà pourquoi le cabinet de Londres, lorsqu'il a vu qu'il ne réussirait pas à intimider les Américains par des menaces, a pris un ton différent avec eux et s'est montré disposé a leur donner satisfaction d'outrages ordonnés par les amiraux anglais, d'après leurs instructions, et à se relacher en faveur de leurs bâti-

disette en Afrique, de la politique, ou seulement d'un caprice, dont les exemples ne sont pas rares, l'exportation des grains venait à être interdite par les princes africains; si les Américains, sacrifiant quelques intérêts du moment, et cédant au grand intérêt qui leur est commun avec les Puissances de l'Europe venaient à cesser toute communication avec l'Angleterre, comment celle-ci ferait-elle pour échapper aux conséquences d'une disette ? disette qu'elle éprouverait nécessairement lors même qu'elle aurait les récoltes

---

mens armés, de son prétendu droit de visite qu'il faisait insolemment exercer sur eux. Les Américains sont en position d'obtenir de l'Angleterre à peu-près toutes les concessions qu'ils pourraient desirer, mais celle qui les intéresse le plus, est la reconnaissance de la liberté absolue des mers et des droits des neutres, tels qu'ils sont fixés par le droit maritime reçu par tous les peuples civilisés, à l'exception de l'Angleterre, et il est en leur pouvoir de contribuer efficacement à contraindre l'Angleterre à cette reconnaissance.

Espérons que leur Gouvernement prouvera par sa conduite qu'il est au-dessus de petites considérations d'interêt particulier, et que ses mesures seront calculées pour la grandeur et la prospérité à venir de ce pays.

les plus abondantes, et qui deviendrait affreuse, si, pendant un ou deux ans de suite, elle ne recueillait qu'une portion du grain qu'elle produit ordinairement. Soit donc que le système de la guerre perpétuelle ait ou n'ait pas d'influence sur l'agriculture de l'Angleterre, il n'en compromet pas moins la subsistance de la nation anglaise, et par conséquent il compromet aussi sa population ; car dans un pays qui comptait déjà un million de mendians ou de pauvres (1) à une époque où son commerce était dans l'état le plus florissant, une seule année de disette suffirait pour détruire une partie de ces malheureux, auxquels les paroisses se trouveraient dans l'impossibilité de fournir la subsistance accoutumée, et sans doute aussi

---

(1) Le nombre des mendians et des pauvres ne peut pas être évalué à moins d'un million.

Pinkerton's geography, vol. 1.

Ces pauvres et ces mendians sont à charge aux paroisses, mais il sont utiles au gouvernement, en ce que la plupart de leurs enfans deviennent dès qu'ils sont en âge, matelots ou soldats.

un grand nombre des ouvriers que la stagnation du commerce a déjà et va de plus en plus faire renvoyer des fabriques qui les emploient (1).

Pour prouver que ce n'est point une supposition gratuite que je fais, quand je parle d'ouvriers qui ne doivent plus trouver d'emploi dans les fabriques, je vais extraire d'un tableau que je trouve dans la Géographie de Pinkerton, la valeur des marchandises des manufactures anglaises exportées en une année (de 1794 à 1795), du seul port de Londres avec destination pour les pays qui sont aujourd'hui fermés au commerce anglais (2).

---

(1) On évalue à 1,600,000 individus le nombre des ouvriers employés dans les manufactures.
Pinkerton's geography, vol. 1, édit. de Londres.

(2) Depuis quelques années les Américains ont exporté d'Angleterre une quantité de marchandises tout-à-fait hors de proportion avec les besoins que peut faire supposer leur population. Il est vraisemblable qu'ils en ont reversé une partie en Europe. Il résulte du relevé des douanes américaines, qu'en 1806, il a été importé aux États-Unis en marchandises de toute espèce prises en Angleterre, pour plus de onze millions de livres sterling.

Marchandises exportées du seul port de Londres, de 1794 à 1795 :

Lieux de destination.	Val. des march.
Turquie..............	32,000 l. s.
Venise...............	6,000
Italie................	80,000
Espagne..............	205,000
Portugal.............	182,000
Canaries.............	20,000
Pays-Bas autrichiens..	129,000
Hollande.............	114,000
Allemagne...........	1,044,000
Prusse...............	54,000
Pologne..............	7,000
Russie...............	95,000
Danemarck et Norwège.	147,000
	2,115,000 l.

Dans cette même année, il fut expédié de Londres, pour les Etats-Unis, des marchandises de ces manufactures, pour

2,251,000 l. s.; et comme le bill de non-importation qui vient d'être mis à exécution en Amérique, comprend une grande quantité d'objets de fabrique; que Liverpool, Bristol et les autres ports d'Angleterre fesaient aussi des exportations très-considérables; il n'y a sans doute pas d'exagération à supposer que les débouchés pour plus de 3,000,000 sterling (environ 72,000,000 de francs) des produits de ses fabriques, sont en ce moment fermés à l'Angleterre (1). Or, les manufacturiers ne continueront certainement pas à faire fabriquer des marchandises dont ils ne peuvent se procurer le débit; il est donc plus que probable que la plupart des ouvriers qu'ils employaient sont déjà ou vont se trouver sans travail, et ceux à qui leur âge ou leur constitution ne permet pas de

---

(1) Indépendamment des produits de leurs fabriques, que les Anglais transportaient dans les pays compris au tableau ci-dessus, ils y portaient encore des marchandises étrangères, soit denrées coloniales, soit autres, et ce commerce était si considérable que du seul port de Londres, il est sorti pour ces divers pays, pour près de 12,000,000 st., de 1794 à 1795.

chercher une ressource en entrant dans l'armée ou dans la marine, vont être réduits à la misère.

Tout se tient en économie politique, et le tableau que je viens de transcrire pour faire voir de combien d'individus l'état se trouve perdu et l'existence compromise par l'exclusion de l'Angleterre du Continent européen, peut servir en même-temps à donner quelque idée de la diminution qu'a déjà éprouvé le commerce de la Grande-Bretagne, de celle bien plus grande encore qu'il éprouvera à commencer de cette année même, car jusques dans les derniers mois de 1807, les ports de la Russie, du Dannemarck, du Portugal, ainsi que celui de Trieste, lui ont été ouverts; le bill de non importation passé par le congrès américain, n'a été mis à exécution qu'à la fin de décembre; et enfin une tolérance mal entendue paraît avoir laissé introduire dans plusieurs des états précédemment en guerre avec l'Angletere, une grande quantité de marchandises provenant des fabriques de ce pays : mais déjà, les Gouvernements intéressés se montrant plus rigoureux, les marchandises anglaises deviennent chaque jour plus rares, et l'on peut être assuré que la plupart des bâtiments qu'occupaient le commerce interlope et celui que les Anglais faisaient avec les différents pays dont ils n'étaient pas encore exclus, vont être forcés, faute d'emploi, de rester dans les ports des trois royaumes. Les registres des douanes anglaises ont pu donner encore en 1807 une haute idée de la prospérité du commerce de la Grande-Bretagne, mais c'est à la fin de 1808 qu'il faudra les consulter, si l'on veut être en état d'apprécier le tort immense qui doit résulter pour l'Angleterre en général et pour son trésor public en particulier, de l'interruption de ses relations en Europe, et de l'exécution du bill américain. Certes, le tableau des exportations pour le Brésil, et des importations qui auront été faites en denrées de ce nouvel Empire, sera loin d'occuper autant d'espace et de donner des résultats aussi satisfaisans que ceux qui présentaient les opérations du commerce avec la Russie, le Dannemarck, le portugal, etc. L'établissement de la maison de Bragance au Brésil ne peut guères offrir en ce moment aux anglais d'autre avantage relativement à ce pays, que celui de faire directement un commerce qu'ils faisaient déjà d'une manière indirecte. La plupart des objets qu'ils y enverront, y seraient également parvenus et auraient été consommés par les habitans. Toute la différence, c'est qu'ils auraient été envoyés d'abord en Portugal, et ensuite embarqués sur des bâtiments portugais. Mais au résultat, les bénéfices que peut se promettre l'Angleterre de ce nouveau débouché qui lui est ouvert, en compensation de tous ceux qu'elle perd, ne sauraient être qu'une portion bornée de ceux qu'elle faisait avec le Portugal seul, et par conséquent ne peuvent être comparés à ceux qu'elle retirait de ses relations commerciales avec les états qui ont rompu toute communication avec elle (1).

---

(1) C'est exagérer la population du Brésil que de la porter à 800,000 individus d'origine portugaise. Mais les Brésiliens sont actifs, industrieux, et dépendaient beaucoup moins qu'on ne le croit généralement de leur métropole ou plutôt de l'Angleterre, pour les objets de leur consommation. L'auteur de la relation de l'ambassade du lord Macartney à la Chine, dit positivement que les fabriques du Bresil fournissent

Puisque le Brésil ne peut consommer que la plus petite partie des marchandises provenant soit des fabriques anglaises, soit de l'étranger, que l'Angleterre fournissait à l'Europe, il est de toute évidence que la portion la plus considérable de ces marchandises, ou ne sera pas fabriquée, ou restera dans les magasins des négociants, ou enfin qu'il faudra qu'elle se consomme dans l'intérieur, à l'exception de ce qui pourra s'écouler par la contrebande. Déjà l'année dernière, à une époque où le Portugal et les ports de la Baltique étaient encore ouverts au commerce anglais, et où la tolérance du Gouvernement dans quelques-uns des pays en guerre avec l'Angleterre, fermait les yeux sur l'introduction de certaines denrées ; les magasins anglais étaient tellement encombrés de sucre, que le parlement jugea nécessaire d'encourager la fabrication du rhum

---

déjà une partie des choses les plus necessaires à la consommation intérieure, et que le Portugal était obligé de payer en argent l'excédant de la balance du commerce qu'il faisait avec cette colonie et qui était en faveur de celle-ci.

dans la métropole (1), attendu qu'il était impossible de trouver un autre emploi pour le sucre surabondant. Mais le mal est aujourd'hui considérablement augmenté, et si les arrivages ont été les mêmes qu'auparavant, l'Angleterre est loin de pouvoir consommer, même en le convertissant en rhum, la moitié du sucre superflu qui doit s'y trouver. Il en est de même des autres denrées coloniales, et le temps n'est peut-être pas éloigné où les négociants qui en font le commerce, ne seront pas en état, faute de placement, de payer le fret des bâtiments qui les apportent en Europe. Les Colons n'en sont pas à commencer à se plaindre de cette difficulté du débit de leurs marchandises, et ce sont même en partie les plaintes qu'ils n'ont cessé de faire à cet égard qui ont porté le Gouvernement anglais à augmenter les entraves qu'il mettait au commerce des neutres.

Si les fortunes particulières se trouvent déjà affectées d'une manière sensible par

---

(1) Voyez les débats du parlement dans les journaux de 1807.

la stagnation inévitable du commerce, les revenus publics dont il est en Angleterre une des principales sources, ne peuvent tarder à en souffrir beaucoup aussi, et pour ne parler ici que de la diminution qu'ils doivent éprouver dès cette année à raison de ce que les douanes n'auront plus de droits à percevoir sur les marchandises qui s'exportaient annuellement dans les pays portés au tableau que j'ai donné, ni sur celles qu'on en apportait; il est vraisemblable qu'ils seront réduits d'une quantité qu'on ne peut évaluer à moins d'un milion sterling. En effet, le produit annuel des douanes est en Angleterre de plus de 4,000,000 de liv. st. par an; la totalité des exportations ne s'est jamais élevée à plus de 40,000,000 (1), et celle des importations a depuis long-temps été moins forte : or les exportations du seul port de Londres pour les pays en question, allaient à plus de 14,000,000 par an, et sans doute celles du reste de l'Angleterre étaient bien

---

(1) En 1801, il s'est exporté d'Angleterre pour 17,000,000 de marchandises étrangères, et pour 20,000,000 de produits des fabriques anglaises.

aussi de 3 ou 4 millions. Admettons que la totalité fut de 17,000,000 seulement, et que les importations des mêmes pays ne s'élevassent qu'à 15,000,000, ce serait sur une somme de 32,000,000 que les douanes cesseraient de percevoir les droits accoutumés. Mais cette somme est beaucoup plus forte que le tiers de la totalité des importations et des exportations de la Grande-Bretagne, puisque celles-ci ne vont pas à 80,000,000. Le produit des douanes devrait donc êtres réduit à moins des deux tiers de ce qu'il était, si le commerce avec le Bresil, et le moyens qui peuvent rester aux Anglais d'introduire encore une certaine quantité de leurs marchandises dans les pays dont ils sont exclus, ne favorisaient pas jusqu'à un certain point les anciennes exportations.

Je n'entrerai pas dans d'autres détails pour prouver que la guerre perpétuelle ne peut qu'être funeste aux finances de l'Angleterre. Le simple bon-sens fait voir qu'elle ne saurait avoir d'autre résultat, puisqu'elle attaque toutes les sources de la prospérité de ce pays. Cependant en perdant une portion de ses revenus, le Gouvernement anglais ne diminuera pas ses dépenses, elles augmenteront meme nécessairement, puisque pour remplacer le déficit dans les recettes de ses douanes et dans les diverses branches de ses revenus, il faudra qu'il continue à avoir recours à des emprunts d'autant plus onéreux que le commerce sera moins florisant. Elles augmenteront parce qu'à mesure que les magasins de ses arsenaux auront épuisé les approvisionnements qui s'y trouvent, il faudra faire de plus grands sacrifices pour s'en procurer de nouveaux ; parce qu'à mesure que la population se ressentira de la stagnation du commerce et des manufactures, il faudra venir au secours des paroisses qui ne seront plus en état de nourrir leurs pauvres ; parce qu'il faudra payer des primes, chaque jour plus considérables, à ceux qui procureront des soldats et des matelots pour recruter l'armée de terre et la marine ; etc. etc.

Dans tout ce qui précède, je n'ai considéré le Continent Européen que comme excluant purement et simplement l'Angleterre de toute relation avec lui. Je crois avoir démontré que lors meme qu'il ne lui opposerait que sa seule force d'inertie, elle ne tarderait pas à voir décliner sa richesse, sa population et sa puissance. Ce moment serait très-prochain, sans doute, si toutes les nations continentales voulaient seconder comme elles le pourraient, et comme leur véritable intérêt leur conseille, encore plus que le devoir ne leur commande de le faire, les mesures adoptées par leurs Gouvernements ; si, éprouvant le besoin de la paix et la désirant avec ardeur, elles voulaient agir conséquemment à ce desir.

C'est le Gouvernement anglais qui veut la perpétuité de la guerre. Combien de fois le Gouvernement français ne lui a-t-il pas offert la paix ; la paix, dont le vœu est tellement dans le cœur de l'Empereur, qu'un des traits les plus admirables de sa vie, qui n'en offre que d'étonnants, c'est que nous ne l'avons jamais vu marcher contre aucun des ennemis qu'il a vaincus, sans une branche d'olivier à la main, et qu'il la leur a présentée avec une égale grandeur et une égale générosité avant ou après la victoire. C'est donc à ôter aux anglais les moyens de faire la guerre, que doivent tendre tous les efforts de ceux qui souhaitent la paix. Mais chaque guinée que produit à un sujet de la Grande-Bretagne une marchandise quelconque, doit quelque chose au Gouvernement anglais, et sert à entretenir les ressources qu'a celui-ci pour continuer la guerre. Ainsi, tout Européen qui consomme des marchandises anglaises, contribue, à proportion de cette consommation, à la prolongation de la guerre, puisqu'il contribue à l'entretien des ressources de ceux qui veulent la perpétuer. Ils sont donc inconséquents ceux qui désirent la paix, et qui, au lieu de repousser avec indignation tout ce qui vient de l'Angleterre, recherchent et préfèrent pour leur usage les marchandises de ce pays; et la proscription absolue de ces marchandises est dans le véritable intérêt de tous les habitans du Continent. Si les Français, par exemple, entendaient bien ce qui leur est le plus avantageux, s'ils avaient autant d'esprit public qu'ils ont de courage et d'habileté à la guerre, quel est celui parmi nous qui oserait vendre ou employer un seul objet de fabrique anglaise? quel est celui qui ne renoncerait pas immédiatement à des choses dont aucune n'est de nécessité absolue?

Une loi du prince a, dit-on, interdit aux

Danois l'usage de toute marchandise anglaise. Sans la difficulté et les inconvénients de son exécution rigoureuse, on désirerait d'en voir adopter une semblable par les autres puissances de l'Europe. Mais si les Souverains se refusent, avec raison, à prendre des mesures qui laisseraient trop de latitude à l'injustice et à l'arbitraire, il leur reste un autre moyen d'arriver au même résultat : celui de leur exemple, toujours si puissant sur les peuples. Qu'ils s'interdisent tout ce qui peut être soupçonné venir directement ou indirectement des Anglais ; qu'ils l'interdisent aux personnes de leur famille et à celles qui sont attachées à leur service immédiat ; que dans l'ameublement de leurs palais, que sur leurs tables, que dans leurs fêtes on n'apperçoive rien que l'Angleterre ait fourni : et bientôt, à leur imitation, les Grands d'abord, et successivement toutes les classes de la société, auront cessé d'être tributaires de l'ennemi du Continent ; évènement d'autant plus désirable, qu'en diminuant les moyens qu'a le Gouvernement anglais de continuer la guerre, il tendrait directement à relever nos fabriques européennes, dont les produits sont aussi propres à satisfaire le goût, et aussi bien faits pour le luxe que ceux des Indes ou de l'Angleterre (1).

Mais tandis que je cherche à faire voir que le seul fait de l'interruption des relations de l'Europe avec les îles britanniques, peut porter le coup le plus funeste à la puissance anglaise, tout annonce que le Continent ne restera pas purement passif dans cette grande querelle où il est partie; que de vastes plans médités par le génie ne tarderont pas à être mis à exécution par

---

(1) On cherche à encourager en France la culture du coton, peut-être serait-il aussi politique de chercher à diminuer le goût qu'on a pour les étoffes de luxe dans la fabrique desquelles il entre. Quelques manufactures en souffriraient, je le sais, mais les fabriques de soieries, et celles où se font nos belles toiles de lin y gagneraient. Le lin et la soie se recueillent sur le sol français; or, tout ce qui tend à favoriser les fabriques que peuvent entièrement alimenter les productions indigènes, est plus avantageux que ce qui a pour but d'en établir ou d'en soutenir d'autres auquel le pays ne fournit pas encore de matières premières, et n'en saurait jamais fournir qu'en quantité insuffisante, et peut-être de qualité médiocre.

l'habileté et l'audace ; et que ce Gouvernement qui fut si long-temps en possession de troubler le repos des peuples, et auquel les victoires et la politique généreuse de Napoléon ont pour toujours ôté cet affreux privilége, se verra forcé de renoncer à son despotisme maritime, et de reconnaître que la mer n'est point un empire qui puisse appartenir à une nation particulière, mais qu'elle est un domaine commun à toutes, et sur lequel aucune n'a de droit qui ne soit également le droit des autres. Le colosse anglais pèse sur les quatre parties du Monde; mais, dans les quatre parties du Monde, il offre des points vulnérables : l'Inde, surtout, l'Inde, où on peut le frapper au cœur, n'est plus inabordable. Déjà celui qui, dans la paix et dans la guerre, s'est montré plus grand qu'Alexandre, en a applani le chemin ; et ces vastes contrées pourraient être facilement affranchies du joug sous lequel elles gémissent, sans qu'il fût besoin qu'il y conduisît lui-même ses aigles triomphantes. Celui de ses lieutenants auquel il confierait cette brillante mission, parviendrait, sans coup férir, jusqu'aux frontières de l'empire de Mysore, et y serait reçu comme un libérateur par les Indiens, tandis qu'il n'y trouverait à combattre que des Européens, en partie énervés par le luxe asiatique, et sans expérience de la guerre. Mais ne cherchons pas à soulever le voile qui couvre les projets d'un prince qui n'en conçoit que de grands, et qui sait si bien assurer le succès de ceux qu'il exécute; attendons avec confiance le développement des plans militaires qu'il a arrêtés. Combinés avec la grande mesure politique, qui exclut les Anglais du Continent européen, leur résultat infaillible sera d'avancer le moment où le Gouvernement britannique, contraint d'abjurer son système de guerre perpétuelle, reconnaîtra le même droit public que tous les autres peuples civilisés, et signera une paix qui sera d'autant plus solide et durable, que la perte de son influence sur les différents cabinets de l'Europe, et la réduction de sa puissance navale le mettront dans l'impuissance de la troubler.

De l'Imprimerie d'AUBRY, au Palais de Justice, Salle neuve des Marchands.

www.ingramcontent.com/pod-product-compliance
Lightning Source LLC
LaVergne TN
LVHW020040090426
835510LV00039B/1314